CON GRIN SU CONOCIMIENTOS VALEN MAS

- Publicamos su trabajo académico, tesis y tesina

- Su propio eBook y libro - en todos los comercios importantes del mundo

- Cada venta le sale rentable

Ahora suba en www.GRIN.com
y publique gratis

Bibliographic information published by the German National Library:

The German National Library lists this publication in the National Bibliography; detailed bibliographic data are available on the Internet at http://dnb.dnb.de .

This book is copyright material and must not be copied, reproduced, transferred, distributed, leased, licensed or publicly performed or used in any way except as specifically permitted in writing by the publishers, as allowed under the terms and conditions under which it was purchased or as strictly permitted by applicable copyright law. Any unauthorized distribution or use of this text may be a direct infringement of the author s and publisher s rights and those responsible may be liable in law accordingly.

Imprint:

Copyright © 2010 GRIN Verlag, Open Publishing GmbH
Print and binding: Books on Demand GmbH, Norderstedt Germany
ISBN: 9783668291966

This book at GRIN:

http://www.grin.com/es/e-book/338253/ciencia-y-conocimiento-en-la-gaya-ciencia-de-friedrich-nietzsche

Angel Guirao Navarro

Ciencia y Conocimiento en la "Gaya Ciencia" de Friedrich Nietzsche

GRIN Publishing

GRIN - Your knowledge has value

Since its foundation in 1998, GRIN has specialized in publishing academic texts by students, college teachers and other academics as e-book and printed book. The website www.grin.com is an ideal platform for presenting term papers, final papers, scientific essays, dissertations and specialist books.

Visit us on the internet:

http://www.grin.com/

http://www.facebook.com/grincom

http://www.twitter.com/grin_com

Índice

I. Introducción 2

II. El insuperable faktum biológico 3

III. Una epistemología radical: Metáfora y Relativismo 6

IV. Ciencia: Concepto y Praxis científica 8

VI. Reflexión final 12

I. Introducción

Podríamos empezar esta ambiciosa recensión de la "Gaya Ciencia" aportando una serie de datos tales como cuál es el lugar que ocupa ésta obra dentro del corpus de la aportación filosófica nietzscheana, la relación que guarda con otra de sus obras cercanas como "Aurora" o incluso recaer sobre muchos de los parágrafos que nos adelantan ideas que más tarde encontraremos en alguna de sus obras como "el Crepúsculo de los ídolos" o "Mas allá del Bien y del Mal", podríamos derrochar espacio y tiempo en señalar cada una de las similitudes más que evidentes que la Gaya Ciencia presenta con un breve opúsculo de una etapa anterior llamado " Sobre verdad y Mentira en Sentido Extramoral", sería posible realizar una descripción del contexto histórico del año en el que la obra se publica (1982). Una manera de comenzar sería pretender resumir cuál es la actitud general de este palmario filósofo germano frente a la misma filosofía u otro tipo de "saber sistematizador", frente a toda "necrópolis de intuiciones", o quizás en base a la atención a lo escrito en la Gaya Ciencia, podríamos especular acerca de qué consideraría Nietzsche sobre nuestro propósito de compilar en una pocas páginas una breve "síntesis" de algunas de sus propuestas o tanteos. Sin duda alguna podemos decir que nos apartaría con gesto convulso y decidido, pues si ni las más "magnas ciencias" merecen algún respeto para nuestro perínclito filósofo más allá de ser casuales medios de supervivencia, de nosotros no querría ni oír hablar pues ya sabemos cuál era su exigencia para prestar sus atormentados oídos: *"No quiero oír hablar de cosa alguna que no admita experimentación[1]".* Pero para evitar cualquier tipo de divagación que merezca el calificativo de "flatus vocis", podemos apuntar dos objetivos claramente definidos que teníamos antes de tratar con la obra.

En primer lugar establecer cuál o cuáles son las razones que nos permiten sostener al referirnos a Friedrich Nietzsche que su epistemología podría ser catalogada como naturalista y nihilista a su vez, ofreciéndonos como resultado un relativismo ineluctable. En segundo lugar concretar o incluso ser capaces de definir que pueda ser "ciencia" tras una atenta lectura de la Gaya Ciencia, y por lo tanto: ¿Qué status ha de conferirse a la praxis científica en la sociedad en base a la "definición" que Nietzsche nos ofrece? Pero como cualquier lectura comprometida que se haga para con el filósofo germano, es más que preciso antes de nada señalar que la Gaya Ciencia excede en

---

[1] NIETSCHE, F. El Gay Saber. Madrid, Austral, 2001. Pág.112

riqueza temática y expresiva el pobre acercamiento que nosotros con un interés únicamente epistemológico vamos a realizar

II. El insuperable faktum biológico

A lo largo de toda la Gaya Ciencia el rabioso Nietzsche dinamita a todo lo que se ha podido o intentado granjear un lugar cuya función y tarea supusiese alguna clase de explicación más o menos certera de la "realidad", el alemán asesta contundentes golpes a todo aquel que se erija más alto de lo que su condición le permite, y esta es la irrebasable y natural condición de animal. Uno de los múltiples mensajes que repetida e incansablemente nos va a forjar Nietzsche a "golpe de martillo" es que no somos más que el triste y azaroso resultado de una casual evolución. Una evolución que *"pudiendo ser de otra manera*[2]*"* tal y como dice Nietzsche, ha tenido por ventura traernos a la existencia. Ahora bien, si de tal manera es esto lo ocurrido, nuestra forma de entender y concebir cada una de las "dimensiones humanas" hasta ahora manufacturadas deben ser revisadas, se nos plantea la improrrogable tarea de sospechar que se esconde en el sótano de nuestros cálidos edificios teóricos, hasta ahora inmaculadamente entronizados. El edificio que ahora se examina es el del conocimiento. Nietzsche tras el estudio de las aportaciones hechas por Charles Darwin en su obra *"El origen de las especies por medio de la selección natural"*, advierte la necesidad de vernos como una especie animal más, aunque siendo rigurosos si bien para el filósofo somos animales, él mismo nos concede algo más: *"El hombre se ha ido haciendo poco a poco un animal fantástico que ha de cumplir un condicionamiento existencial mayor que ningún animal...El hombre debe ineludiblemente creer, saber por qué existe*[3]*".*
Sin embargo aunque tengamos la particularidad de ser ese "fantastiche Tier", esto no nos legitima para olvidarnos que es el instinto animal sobre el que se sustenta nuestra "inefable capacidad conceptual", y de esto tenemos constancia en la obra cuando se expresa esto a modo enjuiciador en uno de los parágrafos: *"y tu mi querido amigo, también eres todavía ese animal, a pesar de todo*[4]*".* Una especie que al igual que cualquier otra se ha servido de unos medios que le han permitido adaptarse al medio, y en concreto uno de esos útiles de los que el hombre se ha servido es lo que hasta ahora se ha llamado "conocimiento". En el transcurso histórico, a lo largo de por lo menos

---

[2] NIETSCHE, F. El Gay Saber. Madrid, Austral, 2001. Pág.108
[3] NIETSCHE, F. El Gay Saber. Madrid, Austral, 2001. Pág. 64.
[4] NIETSCHE, F. El Gay Saber. Madrid, Austral, 2001. Pág.129.

todo el archiconocido pensamiento Occidental, el hombre ha creído que la Razón era lo irremediable y exclusivamente humano, aquello tomado como "lo más originario", pero esto no ha sido más que una ridícula sobreestimación, consecuencia manifiesta del olvido de nuestro autentico origen y por lo tanto la única manera de apercibirse de nuestra verdadera posición es hacernos cargo de lo que Nietzsche no para de repetirnos: *"un animal, un hombre[5]"*. El alemán manifiesta que lo que jamás nadie pudiera haberse imaginado, aquello que había sido inconcebible para el hombre es que su tan venerada Razón no fuese más que un elemento de la misma Naturaleza, no obstante es ahora cuando el mismo hombre se demuestra como tal, como esa especie que al igual que lo hizo el reptil, el mamífero o el insecto se ha tenido que adaptar a este mundo, un mundo que se presenta para todo ente como un "rerum concordia discors[6]", como una "concordia discordante de las cosas". La idea que descansa tras este dictum de Ovidio no es otra que el hecho de que todo aquello que no es nuestra propia entidad orgánica se nos presenta de un modo ajeno y sorprendente, aunque bien es cierto que al igual que nuevo y por descubrir, ese algo que no somos nosotros adviene con cierta incertidumbre, y por tanto provoca cierta ambigüedad, constituye nuestro existir como una tarea para llevar a cabo. Esta es nuestra "única tarea", una tarea que viene dada por nuestro instinto de supervivencia, de conservación.

No debemos soslayar la presencia e importancia del papel que el instinto de conservación juega en todo acto que el hombre efectúa. Debemos recelar de todo lo que se ha suscrito como las grandes y monumentales maravillas creadas por el hombre "qua" hombre, eminentemente las de tipo conceptual por supuesto, obras que incluso en nuestra más rigurosa actualidad todavía se alaban cuáles áureas creaciones del hombre: *"la metafísica griega, el derecho romano y la religión de Israel son los tres productos más gigantescos del espíritu humano[7]"*. Lo que se nos denuncia en la Gaya Ciencia no es más que el hecho de que ésas inefables "obras", no tienen otra causa que el cúmulo de impulsos en la mayoría de casos inconscientes, la multiplicidad de respuestas ante las adversidades físicas de la existencia. En toda época el hombre ha necesitado un baluarte ineluctable, un asidero moral o científico (dependiendo del contexto en el que surgiese la dificultad), una "manera" en último término con la que

---

[5] NIETSCHE, F. El Gay Saber. Madrid, Austral, 2001. Pág.76.
[6] NIETSCHE, F. El Gay Saber. Madrid, Austral, 2001. Pág.66.
[7] ESCUDERO, J. A. *Curso de Historia del Derecho*. Madrid, Talleres Gráficas Solana, 2003. Pág. 109.

afrentar la calamidad, un medio de conservarse a sí mismo y al grupo en el que habitaba.

Uno de estos instintos presentes en el hombre es la sensación de poder, esa irrefrenable tendencia al dominio del medio o del otro, instinto traducible como medio de conservación. Con su singular estilo Nietzsche aplica el análisis de su tesis a ámbitos tan libres de sospecha para nosotros como podían ser la moral o incluso "todo lo que se llama amor[8]". Friedrich Nietzsche elabora una interpretación de esta relación entre seres en clave de posesión, de propiedad. En esta relación subyacen, se descubren, los auténticos movimientos egoístas, ausentes de ese supuesto siempre presente altruismo. Y si Nietzsche llega a hablar de la presencia del instinto hasta en estos lejanos lares de la vida humana (animal), es porque quiere hacernos ver hasta que punto nuestra posición como animal, como miembro más de "Herde" es irrebasable. Nietzsche no podría aguantar que nos siguiésemos concibiendo como seres angélicos independientes de unas determinaciones tan fuertes como las de todo tipo de fiera y bestia. El alemán nos grita que "el prójimo recomienda el altruismo por su utilidad",, que la virtud de la benevolencia no es más que la materialización de nuestro afán de apropiación y sometimiento[9]. Pero no pensemos que todo acaba aquí ya que además de la moral o la ciencia, como es obvio hasta los gustos estéticos vienen determinados por el imperio biológico, el origen natural de todo constructo conceptual es ya incuestionable, no se puede admitir como origen fundante nada que no tenga signo material-biológico. Ya no nos debe de extrañar que el hecho de que "los individuos cambien de gusto esta en su Physis[10]". Nuestro afán, nuestra ambición, nuestro ingenio se deben a un juego de fuerzas imperceptibles, que son a su vez tan importantes en el éxito humano de la supervivencia, de la conservación. Con todo esto, teniendo ahora siempre presente la relevancia de nuestra idiosincrasia biológica en todo ámbito o dimensión que acostumbramos llamar "humana", acerquemos a nuestro punto de mira lo que para Nietzsche es la gran falacia del conocimiento.

---

[8] NIETSCHE, F. El Gay Saber. Madrid, Austral, 2001. Pág.80.
[9] NIETSCHE, F. El Gay Saber. Madrid, Austral, 2001. Pág.179,
[10] NIETSCHE, F. El Gay Saber. Madrid, Austral, 2001. Pág. 103.

III. Una epistemología radical: Metáfora y Relativismo

Como para casi todo objeto que caiga en las manos de Nietzsche, el filósofo nos ha surtido con una innumerable cadena de metáforas que nos van a terminar definiendo y circunscribiendo lo para éste debe entenderse por "conocimiento". Son muchos los parágrafos que en el texto se dedican a éste tema, algunos más concisos y en otros nos vemos obligados a desencriptar el contenido del mensaje. Pero lo común a todos ellos es la idea de que el conocimiento es en primer lugar un proceso no acabado, un proceso que no puede tener fin alguno, ¿pero a que se debe tal propiedad? En tanto que el conocimiento es un medio más que el hombre gestiona para su supervivencia, y la supervivencia del hombre nunca se va a ver garantizada de modo definitivo. Por eso Nietzsche nos denomina como "Der Erkenneder[11]", es decir, como aquel que esta en camino de conocer. Es cierto que existen cambios dentro del conocimiento y surgen sucesivas y nuevas teorías que nos permiten una intervención más exitosa en el medio, sin embargo y aquí reside lo fundamental: *"describimos mejor pero explicamos tan poco como los anteriores[12]"*

Todo el conocimiento del que disponemos viene determinado por nuestra estructura neurofisiológica, un sustrato material que en relación de adaptación con un medio ha conseguido acuñar un vasto entramado conceptual. Sin embargo ahora nos hacemos la pregunta: ¿si somos nosotros y únicamente nosotros los creadores de tales entidades que función más allá de nuestra propia utilidad podemos suscribir a las mismas?

La postura naturalista de Nietzsche tiene como natural decurso el negar todo grado de verdad a nuestros enunciados. La crítica de Nietzsche no se extiende únicamente a esa vetusta concepción de verdad del realismo metafísico, el filósofo germano no solo ataca la verdad como adecuación entre nuestro pensamiento y realidad. Para él todo concepto es igual de quimérico. Para él no habría distinción alguna entre el realismo metafísico y el idealismo trascendental kantiano, porque según este férvido pensador: *"aquí no hay más que apariencia, fuego fatuo y baile de fantasmas[13]"*.

Sin embargo Nietzsche elabora una crítica específica a los realistas, considerándolos partícipes de un ingenuo planteamiento que no para a reflexionar el hecho de que la realidad como en si misma, independiente de nuestro conocimiento y conceptos no puede darse, puesto que siempre será nuestra realidad, pensar que el velo humano puede

---

[11] NIETSCHE, F. El Gay Saber. Madrid, Austral, 2001. Pág. 113
[12] NIETSCHE, F. El Gay Saber. Madrid, Austral, 2001. Pág. 175.
[13] NIETSCHE, F. El Gay Saber. Madrid, Austral, 2001. Pág. 113.

ser quitado para acceder a lo en si demuestra una manifiesta carencia de capacidad para notificarse que variables tan absurdas como la procedencia, el aprendizaje, e incontables más, tiñen y condicionan nuestro conocimiento de la "realidad".

Nietzsche no se conforma con habernos hecho llegar hasta aquí, sino que debemos seguir caminando, es decir, si sabemos que el intelecto no es más que un productor de ficciones útiles y provechosas para conservar la especie, cómo puede ser que hoy todo haya sido explicado y descrito, sabiendo como sabemos hasta los elementos últimos de la realidad. Para Nietzsche los dogmas se asientan como el error sostenido más tiempo en un núcleo social, el que más dura, el que finalmente acaba siendo incuestionable por el éxito obtenido a la hora de constituirse como herramienta social, humana. Tal y como el mismo lo expresa: *"la fuerza de los conocimientos no reside en su grado de verdad sino en su edad, en su carácter de condicionamiento vital"*. Si tuviésemos que aglutinar cada una de las ideas que definen la posición epistemológica de Nietzsche, una posible enumeración sería esta:

1. Debemos evitar pensar que nuestro conocimiento del mundo es sobre el mundo, puesto que no es más que sobre nuestra íntima e intraducible percepción con aquello que no somos nosotros. Por lo tanto el "conocimiento del mundo" jamás podrá ser universal.
2. Nuestro conocimiento, todo el, es un continuo movimiento de antropomorfismos, cada concepto, cada teoría revela que es el hombre quien gesta tal descripción. El hombre es un "homo poeta[14]", inventor de metáforas, a cada paso que le exige dar la realidad para no perecer, éste inventa una hueste de metáforas de las que se sirve para salvar tales obstáculos.
3. No podemos someter ni capturar el medio donde desarrollamos la vida en leyes de ningún tipo, ni adscribirle como insitas, leyes a partir de las cuales nosotros nos hacemos cargo de la realidad. Lo otro es el caos, aquello que *per se* no tiene orden, es nuestra torpe mente la que necesita circunscribir la totalidad. Para Nietzsche lo lógico se funda en una síntesis de la totalidad con la unidad. Por eso nos dice que: "lo lógico surge de lo ilógico[15]"

---

[14] NIETSCHE, F. El Gay Saber. Madrid, Austral, 2001. Pág.202.
[15] NIETSCHE, F. El Gay Saber. Madrid, Austral, 2001. Pág.175

4. La Verdad es sueño,"*las verdades del hombre son los errores humanos irrefutables[16]*", nuestro conocimiento no se sustenta sobre este pilar, cualquier expresión cognoscitiva del sujeto estará movida en orden a la utilidad suya o de la comunidad, tal y como dice Nietzsche: "*No tenemos expresamente órgano alguno para el conocimiento, para la verdad. Sabemos tanto como puede ser útil al interés del rebaño humano, de la especie[17]*"
Sabemos entonces que lo importante ya no es conocer cómo son las cosas, puesto que la brecha del sujeto hacia la realidad viene mediada por ese inconmensurable número de posibles variables que condicionan el conocimiento humano, la misma constitución corpórea del mismo, etc. En resumen qué sea el mundo es algo inalcanzable para todo miembro de la especie humana, es inalcanzable para todo animal. Por lo tanto, lo importante es atender a cómo designamos lo "conocido". Somos nosotros aquellos que hemos diseñado las "etiquetas" con las que revestir el cúmulo indecible de percepciones, estas apariencias que ahora actúan para nosotros como "autenticas naturalezas". A lo largo de la obra Nietzsche nos expresa continuamente que somos nosotros el foco de todos los conceptos, "*somos volcanes en actividad, tenemos en nosotros todos los jardines y plantaciones ocultos[18]*". Y si no hay necesidad en la designación, podemos alterar tales designaciones, des-hacer el status de nuestras creencias, pues tal y como dice Nietzsche: "solo en cuanto creadores podemos aniquilar[19]". Pues si todo es una construcción, y no una fiel representación de lo que en verdad es, si es cada hombre quien fabrica su particular verdad porque es la que a él le sirve, solo nos cabe postular un congruente relativismo.

IV. Ciencia: Concepto y Praxis científica

El segundo campo sobre el que nos dejamos caer bajo la dirección de Nietzsche, es el del conocimiento institucionalizado. El análisis nietzscheano no podía detenerse tras derrumbar todo firme baluarte epistémico, esclareciendo la verdadera naturaleza cognitiva del tan citado "animal fantástico". ¿En que status debemos tener a la ciencia si hemos visto que los fines y propósitos que se pretenden conseguir en el conocimiento no son más que "flor de un día", "perfume de un instante"?, *¿es la ciencia capaz de proporcionar metas al obrar después de haber demostrado que puede quitar y anular*

---

[16] NIETSCHE, F. El Gay Saber. Madrid, Austral, 2001. Pág. 228.
[17] NIETSCHE, F. El Gay Saber. Madrid, Austral, 2001. Pág. 308.
[18] NIETSCHE, F. El Gay Saber. Madrid, Austral, 2001. Pág. 75
[19] NIETSCHE, F. El Gay Saber. Madrid, Austral, 2001. Pág.117.

tales metas[20]*?* Si hoy buscamos la solución para la cura del SIDA y mañana nos embarcamos en encontrar una forma de llegar a Urano, ¿puede entonces instituirse la ciencia como órgano regulativo partiendo de que la misma no es más que el producto efímero de un grupo humano? ¿Qué consecuencias puede tener esto? La ciencia en primer lugar debe examinarse a la luz de los fines que persigue, y estos no son más que los que dictan la voluntad de los hombres. La ciencia es liderada y desarrollada por nuestras voliciones. Pero según Nietzsche la ciencia tiene, un carácter bidimensional, pues es: *gran portadora de dolor* y a su vez *hacedora de nuevos mundos de siderales alegrías*[21].

La ciencia ocupa en el existir humano un puesto de utilidad, de servicio, un transito humano y nada más que humano donde se elaboran teorías acerca de los cuerpos, teorías en las que se presentan causas, efectos, movimiento y reposo por ejemplo, y para el filósofo germano "*sin estos artículos de fe, nadie sería actualmente capaz de vivir*[22]". Pero paradójicamente jamás se nos ocurriría pensar que los más indubitables principios físicos no son reales, o que giramos en torno al Sol. Nietzsche nos advierte que esa exactitud científica, esa del tipo matemático que tanto ansiamos, esa que deseamos, la deseamos no porque ésta sea aplicable a todo, sino porque a través de ella nos sabemos en contacto con el mundo, porque antes que nada lo que buscamos es un vinculación con las "cosas".

Sin embargo Nietzsche apunta la ciencia presenta una sospechosa rigidez en su servicio, una más que dudosa inflexibilidad, puesto que para tales reglas del buen hacer científico se exige un "boca silenciosa". ¿Qué quiere decir esto? Pues que no tomemos las anomalías como contraejemplos. Supongamos un caso hipotético: Un científico elabora un estudio en el que verifica su tesis y expone que todos los cuervos son negros, ha llevado a cabo un estudio que le ha llevado por todo el mundo, investigación en la que ha dedicado 20 largos años de su vida. En el momento de presentar su teoría ante la Royal Society de Inglaterra, orgulloso de si, lleva a cabo una brillante exposición, pero como un castigo enviado por Dios, un cuervo grisáceo se posa sobre la ventana de la habitación de la exposición. Inmediatamente el científico dirige su mirada al cuervo, y dice: "seguramente lo habrán pintado". Es decir la universalidad de las leyes de la

---

[20] NIETSCHE, F. El Gay Saber. Madrid, Austral, 2001. Pág. 73.
[21] NIETSCHE, F. El Gay Saber. Madrid, Austral, 2001. Pág. 78.
[22] NIETSCHE, F. El Gay Saber. Madrid, Austral, 2001. Pág.181

ciencia siempre se nos van a plantear dentro de una contingencia que ningún cálculo matemático o lógico va a poder abarcar completamente, por eso los científicos tal y como dice el filósofo alemán: *"tienen una adicción a respirar el aire puro de la ciencia*[23]*"*. Pero por muy difícil que su adicción les ciegue lo que no admite duda es que cualquier intento se diferenciara de otro solo en función de su éxito en la intervención en el medio, esto es, en función de su utilidad. La conclusión de esta pequeña fábula es que en la ciencia no se da un libre y desinteresado afán de conocimiento, sino que se vierten intereses, en la ciencia es donde se aprecia en mayor medida la intervención absoluta que tiene el carácter del hombre a la hora de conocer. La ciencia es el lugar idóneo para comprobar como por la sola dependencia de que nos favorezca o no, nos sea útil o no, *"aparece grande lo próximo y a veces pesadas las cosas lejanas*[24]*"*.
Si el científico hubiese querido ver un caso que ha invalidado todo el trabajo de años perdidos, dinero malgastado, trabajo arrojado al vacío, hubiese dicho ese cuervo es gris. Su teoría no cumple el requisito de universalidad exigido para ser miembro de la familia científica. Pero, ¿qué científico no dispararía contra ese cuervo en cuanto pudiese?

Para poder llegar a comprender que sea ciencia, hemos atendido a las particulares limitaciones que tiene el hombre dentro de la empresa epistémico-cognitiva, pero además de las dadas por la estructura orgánica del hombre, no se pueden obviar esos condicionamientos tan fuertes y presentes que han hecho que a lo largo de toda la Historia de la Ciencia, nos sean accesibles casos en los que apreciamos tal y como Thomas Kuhn ha dejado constancia en su obra "La estructura de las Revoluciones Científicas". Pues antes de realizar una reflexión acerca de los diversos casos en los que dichos intereses eran algo más que manifiestos, Nietzsche más de un siglo antes se encontraba declamando que los tres supuestos intereses que habían guiado a la ciencia como actividad totalmente desinteresada eran falacias, no existía ese afán de prosecución por finalidades tales como: conocer a Dios, tener un conocimiento infalible y hallar la felicidad. Tendría que pasar más que un siglo para que se escuchasen las "impertinencias" que decía el alemán, tales como que: *Solo se oyen las preguntas para las que se es capaz de encontrarles respuesta*[25]*"*. En este sentido Nietzsche supondrá un precedente para el giro social que los socio-constructivitas o Bruno Latour reclamaran

---

[23] NIETSCHE, F. El Gay Saber. Madrid, Austral, 2001. Pág. 241.
[24] NIETSCHE, F. El Gay Saber. Madrid, Austral, 2001. Pág. 205.
[25] NIETSCHE, F. El Gay Saber. Madrid, Austral, 2001. Pág. 213.

mucho más tarde. La idea común a todas estas posturas es que aparte de las variables epistémicas[26] (experimentos, teorías, hipótesis) se dan otras que tienen la misma importancia tales como: las variables sociales (medios económicos, medios de comunicación) y variables materiales (tecnología, diseños experimentales). Por lo tanto las teorías científicas no serían más que azarosos constructos socio-culturales que nunca podrán establecerse como *la* interpretación de la realidad. En palabras de Nietzsche: *"Que solo sea correcta una interpretación del mundo, que vosotros aprobáis como correcta en sentido vuestro tal que admita nada más que números, cálculos, pesas, ver y palpar, esto es una rusticidad y una ingenuidad, suponiendo que no sea una enfermedad mental, una idiotismo[27]"*

---

[26] MOYA, E. *Teoría del Conocimiento*. Murcia, Diego Marín, 2003. Pág. 21.
[27] NIETSCHE, F. El Gay Saber. Madrid, Austral, 2001. Pág.343.

VI. Reflexión final

Se podría aprovechar este apartado para recapitular de modo esquemático cada uno de los principios e ideas que Nietzsche despliega en la Gaya Ciencia que han sido tan relevantes en el campo de la epistemología, aunque sería algo repetitivo y vacuo. Por ello vamos a aprovechar este último suspiro de papel para añadir un objetivo más a los dos que han gobernado la dirección del timón durante nuestro breve periplo. Este objetivo no es otro que formularnos la siguiente pregunta: ¿Si tomamos el legado nietzscheano y postulamos su característico nihilismo relativista, defensor de la actividad poética como actividad vital, que nada se diferencia de la actividad científica, deben tener para nosotros y para la sociedad el mismo valor una intervención quirúrgica que un poema realizado por un sujeto enajenado por el consumo de sustancias o incluso sin el consumo de sustancias? ¿Si cualquier enunciado asertivo tiene el mismo carácter de irrealidad y de ficticio, será igualmente legítimo el discurso racista que el que promueva los derechos humanos inalienables?

Tras mi lectura de la Gaya Ciencia, obra en la que no solo se nos ofrecen exhortaciones morales abstractas, ácidos comentarios satíricos sino también burlas para todo genero y especie (sobre todo para la humana). Contando con todo esto contestar a esas dos preguntas de modo categórico o simplista significaría no haber podido captar el espíritu que esconde la obra, sería conceptualizar es decir matar una serie de posibles, y estos solo se matan ante la vista de la misma adversidad o circunstancia. Por lo tanto será mejor quedarnos en la abstracción y recoger el espíritu latente en toda la Gaya Ciencia, que permitiéndonos la licencia de la síntesis podría recogerse en una frase de la misma obra:

"Sobrevivimos *gracias a la borrachera*"

CON GRIN SU CONOCIMIENTOS VALEN MAS

- Publicamos su trabajo académico, tesis y tesina

- Su propio eBook y libro - en todos los comercios importantes del mundo

- Cada venta le sale rentable

Ahora suba en www.GRIN.com y publique gratis